AF620520

QUELQUES MOTS
DE POLITIQUE

PAR

C. PANTEL

8
90

CLERMONT-FERRAND
TYPOGRAPHIE ET LITHOGRAPHIE MONT-LOUIS
Rue Barbançon, 2
1890

L57
1146

QUELQUES MOTS

DE POLITIQUE

BIBLIOTHÈQUE NATIONALE
R.F.
IMPRIMÉS

PAR

C. PANTEL

CLERMONT-FERRAND
TYPOGRAPHIE ET LITHOGRAPHIE MONT-LOUIS
Rue Barbançon, 2
1890

Lb
10114

QUELQUES MOTS

DE POLITIQUE

Si les élections législatives de 1889 n'ont pas répondu au désir de chacun, c'est que bien des personnes, ayant pris part au scrutin, n'ont pas compris la signification des termes d'après lesquels s'étaient classés les candidats élus ou non élus.

De toutes parts on s'est demandé à quelle nuance politique ils appartenaient, mais nul n'a pu s'en faire une idée exacte ; rien dans les programmes et les professions de foi dont la France a été inondée n'a pu, à cet égard, éclairer les esprits. Encore cette notion paraît-elle s'être obscurcie dans le tumulte électoral.

Ne pourrions-nous ici jeter quelque lumière ?

A cet effet peu de mots semblent suffire.

Qu'est-ce donc, en politique, que les conservateurs, les modérés, les opportunistes, les socialistes, les anarchistes ?

Au sens propre du terme, les conservateurs sont des partisans de la Monarchie, laquelle étant, disent-ils, l'expression de la volonté divine, ne peut être discutée. Politiques par intérêt, ils ne veulent pas abandonner les privilèges que la Monarchie leur accorde, qui les font vivre. Dès lors, ils sont hostiles au progrès. Toute réforme est pour eux une révolution ; est révolutionnaire quiconque demande des réformes.

Mais, contradiction singulière ! Dans la situation où chacun se trouve placé : les réformateurs demandant l'action, le mouvement en avant ; les conservateurs, le retour vers l'état ancien des choses, la réaction, sont révolutionnaires au même titre — révolutionnaire le réformateur sous la Monarchie ; révolutionnaire le conservateur sous la République.

Des démocrates nous diront peut-être que c'est détourner la signification du mot révolutionnaire que de l'appliquer à des conservateurs. Soit. La tactique des conservateurs est souvent peu digne des intérêts qu'ils représentent. Ecoutons l'historien parlant de la réunion des Etats généraux :

« Le misérable petit esprit d'insolence, qui menait la cour, avait fait imaginer de faire entrer les deux ordres supérieurs par devant, par la grande porte, les communes par derrière, de les tenir sous un hangar, moitié à la pluie. Le Tiers, ainsi humilié, sali et mouillé, serait entré tête basse, pour recevoir sa leçon............................

» Le Roi lut, avec sa simplicité ordinaire, la harangue qu'on lui avait composée, ces paroles despotiques si étranges dans sa bouche.... ......

» Le Roi, après un moment de silence et d'étonnement, finit par un mot grave, intolérable, qui jetait le gant à l'Assemblée, commençait la guerre : « *Je vous ordonne, Messieurs, de vous séparer tout* » *de suite.* »

« A cet ordre renouvelé par le maître des cérémonies, Mirabeau répondit :

« Nous avons entendu les intentions qu'on a » suggérées au Roi ; et vous, Monsieur, qui ne » sauriez être son organe auprès de l'Assemblée » nationale, vous qui n'avez ici ni place, ni voix, ni » droit de parler, vous n'êtes pas fait pour nous » rappeler à son discours.... Allez dire à ceux qui

» vous envoient, que nous sommes ici par la vo-
» lonté du peuple et qu'on ne nous en arrachera
» que par la puissance des baïonnettes. »

Ce qui devait s'ensuivre, chacun peut le savoir. Mais, là, tout s'enchaîne. Et si la tête de Louis XVI roula sous l'échafaud, c'est la faute des conservateurs, ses funestes conseillers.

Fauteurs de révolutions, les conservateurs qui acclamèrent Bonaparte au 18 brumaire, le suivirent dans sa fortune, les uns fidèlement, les autres par trahison, l'abandonnèrent pour fêter la royauté, laissèrent s'accomplir la révolution de 1830, poussèrent Louis-Philippe à la résistance, firent éclater le mouvement insurrectionnel de 48, qui renversa le trône et emporta la royauté.

De tous les troubles politiques qui suivirent, les conservateurs sont responsables; et cette responsabilité pèsera sur leur tombe. Ils complotèrent, d'un commun accord, la ruine de la République : les uns pour restaurer la royauté, les autres pour ramener l'Empire.

De leur fait s'accomplit le Coup d'Etat, jour néfaste où, par les conservateurs, des généraux français furent, pour l'exil, enserrés dans des voitures à forçats : présage sinistre que 18 ans plus tard l'armée française serait entassée dans des wagons à bestiaux, pour faire route vers l'Allemagne, son lieu de captivité !

Certes, le général Cavaignac qui extermina les républicains dans les journées de juin, le général Cavaignac *coffré* et *bouclé* comme un vulgaire malfaiteur put se convaincre, dès le 2 décembre, que les perturbateurs de l'ordre social n'étaient pas derrière les barricades des faubourgs, mais à l'Elysée.

Mais, dit-on, la France a approuvé le Coup d'État par ses votes. — Non, elle l'a subi. Le Coup d'Etat est un crime, et l'humanité, dont les Français font partie, ne peut être complice d'un crime. La France a été surprise dans sa bonne foi. De telles élections faites, la tribune renversée, sans presse, sous la menace de déporter les électeurs qui ne prendraient pas part au vote, seraient aujourd'hui cassées.

Pourtant, ajoutent les conservateurs, le commerce, l'industrie étaient prospères sous l'Empire. Soit; mais ce n'est pas le fait de l'Empire seul. Le réseau des télégraphes et des chemins de fer était déjà commencé sur divers points du globe; il fallait le finir. L'édilité a suivi le mouvement : toutes les grandes villes se sont transformées; or, quand le bâtiment marche tout marche. D'ailleurs, il y a eu, durant le règne de Napoléon III, la guerre de Crimée, d'Italie, de Syrie, de Chine, des Etats-Unis, du Mexique; la guerre austro-allemande; la révolution d'Espagne, de Grèce. Et, comme des peuples qui se battent ne produisent pas, ils ont dû tirer d'un peu partout subsistances et munitions, notamment de la France. Voilà pourquoi le commerce a marché. Mais, si pour rendre le commerce prospère il faut exterminer tous les ans deux ou trois cent mille hommes, qu'est-ce donc que le commerce et les commerçants?

Et pourtant, combien de gens demandent encore la guerre pour s'enrichir! Je ne pousserai pas plus loin cette réflexion, étant certain que l'immense majorité de mes compatriotes pensent que du trafic autre est la destinée.

Oserais-je dire encore que toute révolution a son origine dans celles qui l'ont précédée?

En 1870, l'Empire sombra dans les désastres de la guerre, parce que ceux qui l'avaient fondé ou qui le servaient alors s'étaient écartés de la raison des choses.

Ainsi la religion, la famille, la propriété qui

par eux devaient être sauvées, par eux furent perdues. Et la Commune apparut avec toutes ses ruines et son fleuve de sang.

L'historien en dévoilera un jour les causes. En traits de feu il les retracera. C'est affligeant de l'apprendre. Mais pourrait-il celer à la postérité que dans le débordement de la passion, en ce temps d'horrible vengeance, les lois mêmes de la guerre furent violées par ceux qui ont reçu mission de les faire respecter ?

Au lendemain de la bataille, 29,804 prisonniers furent fusillés sans jugement (1).

Pas moins de 52,000 procès politiques furent faits.

Ce qui porte le nombre, y compris les morts durant l'action, à plus de 90,000 victimes!

Or, la famille se composant en moyenne de 4 personnes, c'est environ 360,000 personnes dont l'existence fut ruinée, bouleversée, qui durent fuir devant les dénonciations et s'expatrier.

Ces Français, presque tous parisiens, ont, pour vivre, exercé au loin leurs propres industries aux procédés desquelles l'étranger s'est initié. Aussi

(1) Trousset, *Encyclopédie.*

a-t-on vu, depuis quelques années, l'article de Paris nous parvenir tout fabriqué à travers la frontière.

Qu'après on rie, on danse, on s'amuse; qu'on nous prêche l'oubli du carnage; que des endormeurs patents ou non, que des imbéciles vous disent que s'occuper de politique c'est manquer de dignité, ce n'est pas moins dans l'oubli des principes de l'économie sociale que de tels faits se sont accomplis; crimes que la France expie et expiera longtemps encore.

Sans conteste, les conservateurs ont le culte de la force, de la force exterminatrice; mais de la force réparatrice ils n'ont pas idée.

Partout le sol de la patrie témoigne du sang que leurs lois injustes ont fait verser.

— Que sont les modérés ?

— Ce sont des monarchistes à l'occasion, des républicains pour la forme; politiques par intérêt, conservateurs toujours.

— Que sont les opportunistes ?

— Variété de conservateurs, démocrates jouissant au temps présent, pas pressés de réformes.

En effet, la démocratie est une forme de monarchie ne différant du genre que par l'étiquette. Ce qui permettait au jacobin Napoléon Bonaparte de mettre sur nos monnaies République d'un côté et Empire français de l'autre.

Ce régime peut se fonder sur le suffrage populaire; alors il a pour devise : « la voix du peuple, c'est la voix de Dieu ». Mais en politique, le nom vénéré de Dieu fait songer au diable. Un tel gouvernement peut laisser la liberté de conscience, la liberté de la presse, permettre même la licence, mais il peut aboutir aussi à la tyrannie. — De ces faits l'histoire témoigne.

Cette forme de gouvernement est réprouvée par les socialistes.

— Qu'est-ce que le socialisme?

— C'est la science de la société.

Il a pour symbole la balance et pour expression l'égalité, l'équivalence. Sa méthode est la méthode dite naturelle, qui a permis de faire tant et de si belles découvertes dans tous les ordres de la connaissance. Introduite dans le négoce, dans les affaires, elle a pris le nom modeste de Tenue des livres. C'est la science du *doit* et de l'*avoir*. Elle sert à établir la balance entre le compte créditeur et le compte débiteur. Simple d'exécution, elle est inflexible comme la justice dans ses applications.

Dans la société tout le monde est socialiste, pourquoi donc ce débordement d'injures contre le socialisme?

Les maisons de commerce sont fondées souvent par des associés groupés sous une raison sociale; il y a des sociétés anonymes, en commandite, en participation.....

Ces sociétés diffèrent, il est vrai, dans leur formation, dans leur fonctionnement, mais elles ont entre elles des rapports qui les unissent, tels que rapport de production, d'échange et de consommation, Toutes ces sociétés se groupant forment l'état social — l'État.

Il y a, en outre, des sociétés agricoles, industrielles, commerciales, scientifiques, littéraires, artistiques, religieuses, se réunissant en temps et lieu pour faire œuvre de socialisme.

Socialistes le banquier, l'entrepreneur, le marchand, le rentier; socialiste le savant qui fait des découvertes utiles à l'humanité; socialistes ceux qui les appliquent; socialistes les producteurs, les consommateurs qui établissent la balance de leurs comptes.

Seuls, les conservateurs et les démocrates ne sont pas socialistes, parce qu'ils ne tiennent pas à ce que soit établie la balance des droits et des devoirs, des droits et des pouvoirs.

Les électeurs, disent-ils, n'ont que des devoirs à remplir ; ils ne sauraient avoir d'autres droits que ceux que leur confère le pouvoir. — Un spectre lui apparaît : le spectre de l'anarchie.

Qu'est-ce que l'anarchie ?

De même que la monarchie est le gouvernement de tous par un seul ;

De même que la démocratie est celui de tous par chacun ;

De même l'anarchie est le gouvernement de chacun par chacun. L'anarchie tend à constituer la société sur les seules bases de la propriété et du travail libre.

Mais sur le sens des mots que de peine à s'entendre !

Pour le marin, le drapeau est un chiffon : il ne connaît que son pavillon. Pour le soldat, le pavillon est une loque : il ne connaît que son drapeau. Loque ! chiffon ! telle est la puissance des mots que, se rencontrant, marin et soldat s'entre-tueront, si brasse carrée ou pointue n'arrive à temps pour les séparer. Ils servent pourtant la patrie au même titre et sous les mêmes couleurs !

Nos dictionnaires définissent l'anarchie, l'état d'un peuple sans lois auxquelles on soit soumis. — Même vague dans les idées. — Des lois, nous en avons plus qu'il n'en faudrait : c'est l'opinion des légistes. D'ailleurs le principe de l'anarchie est consacré dans nos lois. Et dans chacune d'elles, il n'est pas un article qui ne détruise l'économie de l'autre.

Art. 1er. — Tous les Français.....

Art. 2. — Sont exceptés...

A la loi divine les uns opposent les lois naturelles. Il y a la loi des juifs, la loi des chrétiens, la loi des uns et des autres ; il y a des lois politiques et impolitiques. Qui pourrait dire où commence la politique, où elle finit? Tous les actes de la vie ordinaire le sont, et c'est faire de la politique que de n'en pas faire.

Il y a la loi de l'Etat, la loi martiale et des lois d'*exception*. Tout cela n'est-ce pas de l'anarchie?

Anarchistes ceux qui font les lois; anarchistes ceux qui les défont. Tels se montrèrent les conservateurs au 2 Décembre, en violation de la Constitution républicaine, art. 68, portant :

« Toute mesure par laquelle le président dissout l'Assemblée nationale, la proroge ou met obstacle à l'exercice de son mandat, est un crime de haute trahison; les citoyens sont tenus de lui refuser obéissance; le pouvoir exécutif passe de droit à l'Assemblée nationale; les juges de la haute Cour de justice se réunissent immédiatement à peine de forfaiture; ils convoquent les jurés dans le lieu qu'ils désignent pour procéder au jugement du président et de ses complices (1). »

Au récit de l'histoire les élections législatives de 1815 se firent, à Nîmes, dans les conditions suivantes : Dès l'ouverture du scrutin, des bandes royalistes se livrèrent au pillage des maisons habitées par les impérialistes et les protestants. Ceux-ci ne purent voter, et de fougueux royalistes furent élus. Et nous subissons encore les lois qu'ils votèrent en ces temps d'anarchie!

On dit que l'anarchiste veut le partage des biens.

— En cela il serait aussi peu honnête que le conservateur vendant le paradis pour de l'argent.

Cependant le principe d'expropriation pour cause d'utilité publique est admis, l'Etat l'applique fréquemment.

(1) *Moniteur off.*, 7 nov. 1848.

Anarchiste le chef militaire qui, pour raison de salut public rase les maisons, détruit les bourgs et les cités, incendie les forêts, ruine la propriété. L'histoire nous dit ce que par la conquête est devenue la propriété : aux exigences du conquérant, il a fallu se soumettre ou périr.

Anarchique un gouvernement sous lequel on vient partager les deniers du chef de famille défunt, sans s'occuper s'il restera aux enfants en bas âge de quoi subsister. Mais, disent les conservateurs, il faut que le gouvernement vive. Soit : c'est pour vivre aussi que l'affamé se fait voleur.

Et qui ne se rappelle d'avoir vu au lendemain du 16 mai, les lois économiques violées par les affamés du pouvoir? Suppression de la presse; interdiction de vente de tout écrit politique sur la voie publique; fermeture des débits de consommation aussi bien dans les villes que dans les campagnes. C'était là autant de mesures de coercition ayant pour effet d'arrêter la production, d'entraver la circulation des produits, d'en réduire la consommation. Ainsi la misère s'étendait à toutes les classes. L'ouvrier ne travaillant plus n'achetait pas; le marchand ne vendant pas faisait faillite; l'impôt ne rendait plus, et le rentier, un instant craignit la banqueroute. Oh! il n'en fallut pas davantage pour amener la chute du gouvernement d'alors.

Toucher à la propriété, quelle imprudence! C'est elle qui a toujours fait et défait les gouvernements; elle est essentiellement anarchique; elle est absolue, et, comme telle, elle s'oppose à l'absolutisme du pouvoir : c'est l'élément de la fédération, le principe même de la République. Voilà pourquoi dans tous les temps le despotisme s'est efforcé d'en amoindrir la puissance. Ses suppôts sont allés même jusqu'à dire qu'il était bon que le salaire du travailleur ne fût pas trop élevé, parce que le bien-être le rendait insolent. Eh! sans doute, la propriété est une puissance d'émancipation comme d'asservissement.

Dans nos relations journalières ne sommes-nous pas exposés à voir refuser nos pièces de monnaie, parce qu'il a plu à tel gouvernement d'en changer le titre, le module, l'effigie?

Alors, si par ignorance des mesures prises, si par le hasard de la circulation, cet argent s'accumule dans un lieu, chez quelqu'un, cette propriété sera dépréciée. Où sera donc ici la sauvegarde du propriétaire?

Anarchique toute administration révoquant, par raison ou par caprice, quiconque a versé, en vue d'une retraite, des sommes d'argent. — Dépossession sans indemnité : spoliation, vol.

Anarchiste le prêteur spéculant sur les besoins de l'emprunteur; anarchiste le vendeur qui fait payer 10 francs ce qu'il aurait pu, ses frais couverts, livrer pour 5.

Anarchiste l'économe qui en restreignant sa consommation nuit à la production. Il faut s'en tenir là. Trop longue serait la série.

Anarchie dans l'Etat;

Anarchie dans l'administration où subsistent toujours, sous la République, les principes mêmes de la monarchie; ce qui, si l'on n'avisait, permettrait, à tout aventurier venu, de changer, en un tour de main, l'étiquette gouvernementale. Et usant alors du système de compression que la royauté et l'Empire ont si lourdement appliqué, il broierait en un instant tout ce qui ferait résistance; d'ailleurs foyer de réaction, milieu d'escobarderie où la lumière ne pénétra jamais qu'en pâlissant. Sûrement, si le type du conservateur devait un jour se perdre, c'est dans l'administration qu'il faudrait le chercher; on l'y retrouverait avec tous ses appétits, toute sa morgue : plat devant les forts, insolent envers les faibles, aussi borné dans ses vues que méticuleux dans sa pratique ; sans scrupule, il a pour symbole de justice le pot-de-vin, et le savoir des autres lui suffit. Est-il de naissance bête et méchant? ou bien, sont-ce nos institutions qui le rendent tel? Que dans ce milieu l'esprit de règlementation comprime les facultés, c'est incontestable : l'humanité ne peut qu'y perdre.

Comment de semblables mœurs peuvent-elles subsister sous un régime démocratique ?

Elles subsistent du fait de la démocratie elle-même.

La démocratie s'immobilisant dans la passion du *statu quo*, endure le fonctionnarisme, en tolère les abus. Quoi! n'a-t-on pas vu récemment un directeur général, comme un petit roi, jeter, par l'effet de son libre arbitre, le trouble et le découragement au sein de son administration?... Dès lors les fonctionnaires, guidés par des intérêts personnels, de famille ou de camaraderie, s'immobilisent aussi dans leurs fonctions et forment, dans la nation une classe à part, ayant plus de rapport avec la monarchie qu'avec la république. Ce qui laisse dire au socialiste que la démocratie, avec ses mythes et ses idoles, n'est pas l'expression de l'avenir.

Anarchie dans les mœurs. Un moraliste a dit : « Il y a dans le malheur de nos amis quelque chose qui ne nous déplaît pas. » C'est affreux ! Mais ne serait-ce pas dans ce désordre moral, que fabricants de deuil, apothicaires et médicastres voient sans affliction les épidémies régner ? Qu'en vue d'un lucre, gens de loi ne demandent, dit-on, que plaies et bosses ? Que l'un désire la disparition de l'autre pour lui succéder ?

Quoi des pompes funèbres ? Ces entreprises ne voient-elles pas quelquefois leurs intérêts en souffrance ; faudrait-il nous entre-tuer encore pour les enrichir ?

Anarchie dans la finance, dans le marché : suivant l'annonce d'une nouvelle vraie ou fausse, souvent répandue par les agioteurs et venant on ne sait d'où, la Bourse haussera ou baissera au profit des uns, au détriment des autres.

Anarchie dans la production, dans la circulation, dans la consommation : Fourrier était employé dans une maison de denrées, à Marseille. Sur cette place le riz était abondant, son prix en baisse. De nouveaux arrivages devaient le faire baisser encore. Afin de pousser à la hausse, toute compensation établie, Fourrier reçut, de ses patrons, l'ordre de se rendre à bord des bateaux leur appartenant et de faire couler le chargement de riz à la mer. Il éprouva de cette action une impression telle, qu'il renonça au commerce pour faire du socialisme. Le commerce s'est-il moralisé depuis ?

Anarchie en religion par l'opposition des dogmes, anarchie dans la science. Retenons ce fait :

Vers 1830, un Français s'adonnant à l'étude des sciences naturelles, découvrit l'élément de la physiologie dans les corps organisés : la cellule. Cette découverte, un Prussien se l'appropria. Durant 50 ans, du haut de la chaire et dans nos livres, elle lui fut attribuée. Mais dans ces dernières années, des esprits indépendants, suivant le fil de l'idée, ont fait rentrer le savant français dans la propriété de sa découverte, et l'ont proclamé le fondateur de la chimie organique. Ce Français, c'était Raspail.

Ouvrez, du reste, divers auteurs traitant de la même matière et vous y trouverez autant de théories que d'auteurs. Chacun vous présentera la sienne.

Un ingénieur fit construire un pont sur une rivière. Les bateliers firent l'observation que les arches étaient trop basses, que les barques ne passeraient pas. L'ingénieur, croyant faire de l'esprit, répondit que les ponts étaient faits pour ceux qui passaient dessus et non pour ceux qui passaient dessous. Survint une crue de la rivière qui emporta le pont, fit place nette. La chronique ne dit pas si en ce moment-là l'ingénieur était sur le pont. Que n'eût-il étudié la météorologie !

Vers 1840 furent construites, au prix de 200 millions, les fortifications de Paris. En 1870, elles n'étaient ni armées ni défendues. Si elles n'ont pu être utilisées, est-ce l'effet de l'ordre ou de l'anarchie ?

Il y a bien plus !

C'est qu'avec la somme de nos connaissances astronomiques, mathématiques, physiques, chimiques, géologiques, botaniques, zoologiques, anthropologiques ; qu'avec tant de littérateurs, d'historiens, d'économistes et de jurisconsultes, nous n'avons pas une forme de gouvernement, une méthode de direction propre à nous mettre à l'abri de toute surprise, à nous affranchir des commotions politiques, comme à nous préserver du charlatanisme, des concussions et des vols, pas un critère permettant de donner à chacun la part qui lui revient du produit national. Aussi voit-on souvent des gens oisifs regorger de richesses, tandis qu'un grand nombre d'autres, voués à un labeur incessant, manquent du nécessaire.

A quoi cela tient-il ?

A la mauvaise foi des uns, à l'ineptie des autres.

Il est dit que tous les Français sont égaux devant la loi.

C'est bien !

Mais la loi souffre des inégalités.

Pourquoi des distinctions de classes, pourquoi des castes, des inégalités de conditions, pourquoi des hiérarchies de fonctions, des grades dans les fonctions? L'économie sociale réprouve toute subordination de l'homme à l'homme, spécialisé, s'entend. Seul le droit d'initiative est acceptable pour le dégagement de la force dans un moment de péril social. Mais encore dans ce cas, il y a solidarité générale. Telle est la situation de l'officier et du soldat : devant l'ennemi ils sont frères d'armes, compagnons, camarades.

Anarchie dans les opinions : les médecins de France se réunirent un jour en congrès à l'effet de délibérer sur je ne sais plus quelle question; ils se séparèrent n'ayant échangé que des coups de poing. Après ce fait et tant d'autres que nous pourrions citer, jugez de l'harmonie qui règne dans ce corps.

Anarchie juridique : réforme d'un jugement par un autre ; anarchie philosophique : opposition d'école ; anarchie dans les lettres, dans les arts, dans les idées, dans les croyances. Anarchie ! anarchie ! partout règne l'anarchie.

Voilà bien l'anarchie en fonction négative; que peut-elle être en fonction positive?

Deux types bien connus nous serviront d'abord d'exemple : l'avare et le prodigue.

Qu'est-ce que l'avare?

C'est un homme rangé, un homme d'ordre, qui économise, épargne, capitalise. Pourquoi donc ce sentiment de mépris que sa personne inspire?

N'est-il pas libre, n'a-t-il pas le droit de se priver pour entasser? Non, et on le qualifie de voleur. Cependant on nous prêche l'épargne : il y a des caisses d'épargne.

Qu'est-ce que le prodigue?

C'est un homme qui consomme, qui dépense sa fortune. N'a-t-il pas le droit d'user et d'abuser de sa propriété ? Non, et la justice le frappe d'interdiction. Nonobstant, de tous côtés on nous excite à la consommation, afin que des débouchés soient ouverts à la production, au commerce.

En effet, dit l'anarchiste : si, comme l'avare, tout le monde économisait, se privait non-seulement du superflu, mais du nécessaire, le commerce serait ruiné, l'industrie s'arrêterait, ce serait la misère : personne ne travaillant, les riches mourraient de faim sur leurs coffres pleins d'écus. Il faut consommer pour qu'il soit produit : la production est d'autant plus grande que l'on consomme davantage ; l'abondance des produits procure le bon marché, la richesse. On ne vit pas de la propriété inerte, mais de la propriété qui circule, se reproduit sous des formes diverses.

Et, ajoute l'anarchiste : si l'avarice, si l'usure sont nuisibles à la société, la prodigalité l'est aussi.

Le prodigue dépensant ses biens en pure perte est un insensé; par ses largesses, il encourage le vice, il est de mauvais exemple : on doit l'interdire.

Au reste, il est de règle, en économie politique,

que toute dépense doit être reproductive de quelque chose d'utile.

Dépense et épargne sont deux termes antithétiques ; de leur opposition naît l'idée d'utilité, — principe d'économie : fait d'anarchie.

Voilà pourquoi les anarchistes proclament utile de faire des réformes dans l'administration des biens de la nation.

Les économistes de l'école conservatrice prétendent que, plus la dette publique est élevée, mieux vont les affaires. — Non, dit l'anarchiste, les intérêts étant payés sur le produit des impôts, si la dette augmente, si les dépenses du gouvernement ne diminuent pas, il arrivera un jour où l'impôt ne suffira plus. En outre, il est démontré que surélever l'impôt, c'est amener le renchérissement des choses nécessaires à la vie; que les choses étant chères, on n'est plus assez riche pour les acheter ; le marchand ne vend pas, le commerce est difficile, l'industrie s'arrête, l'impôt ne rend plus, et la faillite, la banqueroute s'ensuit. Imprudents les pères de famille conservateurs qui, dans leur opiniâtreté à vouloir conserver ce qu'ils n'ont plus, lèguent à leurs enfants une révolution ; insensés qu'ils sont ! En s'opposant à la marche du progrès, ils se placent dans la situation d'un taureau qui, sur la voie, s'opposerait au passage d'une locomotive.

Les uns pensent que le travailleur est exploité, qu'il devrait participer aux bénéfices du patron, lequel répond que l'ouvrier devrait participer aux pertes aussi. — Et l'anarchiste, faisant preuve de socialisme, c'est-à-dire application des principes de l'économie sociale, reprend : Les forces sont éparpillées, groupons-les, associons-nous tous patrons et ouvriers, puisque nous sommes réciproquement producteurs et consommateurs, que nous vivons des produits les uns des autres. Nos produits étant semblables, chacun recevra l'équivalent de ce qu'il cède, et nous vivrons de notre travail.

D'ailleurs, l'économie politique énonce que, dans un effort combiné, cent hommes peuvent faire en une heure ce qu'un homme ne ferait pas en cent heures. L'excédent de produit d'un tel effort appartient au groupe et non à l'entrepreneur qui, jusqu'à nous, se l'est injustement approprié. Et, comme chacun ne consomme que l'équivalent de ce qu'il produit, cet excédent constituera, pour nous, l'épargne de la veille pour le lendemain : — l'épargne sociale.

Des groupes se formant ainsi dans tous les ordres de la production, ou à titres d'intermédiaires, auront des rapports par des besoins d'échange, non par subordination, mais par égalité.

Toutes ces forces réunies, comme engrenées les unes dans les autres, formeront les forces de la nation. Et du savant, le travailleur emportant la formule plastique dans le creux de sa main, deviendra l'utile auxiliaire, son associé, son égal.

Ainsi procédant, nous édifierons en commun le temple de la science; nous instituerons l'ordre social, par la division du travail, la séparation des industries et leur coordination.

Dans l'ordre de ses connaissances, chaque groupe déléguera à l'Assemblée nationale celui de ses membres qui sera apte à le représenter. Et au lieu d'avoir une Assemblée composée de légitimistes, d'orléanistes, d'impérialistes, de modérés, d'opportunistes, de progressistes, de radicaux, de socialistes ou d'anarchistes, nous aurons une académie de spécialistes.

N'est-ce pas en vue de tels principes que, journellement, il est fait appel à la spécialité, qu'il est commis des experts à l'effet de connaître des différends entre parties adverses, au criminel comme au civil et devant les tribunaux consulaires?

Pourquoi donc déléguer aux assises de la nation des représentants n'ayant souvent pour titre que la recommandation des partis auxquels ils appartiennent et dont ils s'efforçent là plupart du temps de raviver les haines. Aussi, point de vertu politique. Comparez nos vingt ans de législature à soixante séances de la Convention, et jugez du prodige.

Nous sommes l'expression du suffrage universel, dira-t-on, mais suivant qu'on l'interroge, le suffrage universel répond ; il votera même sa suppression quand on la lui demandera : rien de plus bizarre que le suffrage universel.

A cette doctrine si peu conforme à la raison des choses, nous opposons les principes de la science économique.

A un système de gouvernement qui a toujours mis l'ordre en défaut, la patrie en péril, nous substituerons une méthode gouvernementale garantissant la liberté, l'égalité, la sûreté, la *propriété*.

Alors si les partisans des régimes déchus venaient entraver le bon fonctionnement de nos institutions, porter atteinte à nos libertés; si les séides d'un pouvoir occulte faisaient renaître la tyrannie; alors, travailleurs, que les besoins de la vie rendent laborieux et économes; pères de famille qui avez souci de l'avenir de vos enfants, alors d'une commune voix nous demanderions à l'histoire comment des peuples libres se défont des tyrans?

De même donc que le géomètre a divisé l'espace pour se faire une idée de l'immensité;

De même que l'astronome a divisé le temps pour concevoir l'éternité;

De même que le physicien et le chimiste ne peuvent connaître les choses que par le rapport qu'elles ont entre elles;

Aussi facilement que le mathématicien résout un problème d'algèbre, l'anarchiste procédant par voie d'équivalences, d'égalités, de rapports, prévoit la solution des problèmes sociaux.

Il ne veut pas de l'impôt progressif, parce que cet impôt détruit le capital.

Il repousse l'impôt proportionnel, comme n'étant proportionnel que dans le sens de la misère.

Il dit que ce n'est pas juste de faire payer l'un plus que l'autre: la liberté, la sûreté, la propriété du riche ne coûtant pas plus cher à garder que celle du pauvre; que l'impôt n'est pas une redevance, mais un échange de services.

Avec non moins de raison, l'anarchiste dit aux propriétaires : Vous pouvez être expropriés pour raison d'utilité publique, mais dépossédés, jamais. — Alors que les conservateurs, voulant restaurer les formes monarchiques du passé, tombent dans l'anarchie négative, se font les apologistes du vol !

Il s'élève contre les emprunts d'État, parce que le rentier trouvant plus commode de toucher des coupons de rente que de travailler la terre, celle-ci est délaissée, l'agriculture abandonnée, le travailleur des champs émigre vers les villes pour s'y faire domestique, et le pays, ne produisant pas pour sa subsistance, risque de devenir tributaire de l'étranger. Un pays peut avoir beaucoup d'argent et être pauvre ; il n'est riche que par l'abondance de ses produits.

L'anarchiste dit aux travailleurs, ses frères : Contre le monopole qui vous exploite, vous élevez des plaintes ! Mais le monopole se réclame du pouvoir. Du pouvoir iriez-vous forcer les retranchements ? Un demi-million de baïonnettes s'abaisseraient sur vos poitrines. Lui opposeriez-vous la force d'inertie, la grève? L'économie politique la réprouve comme ayant pour effets d'amener le renchérissement des choses nécessaires à la vie par la non-production; d'arrêter la circulation, de faciliter une déloyale concurrence, de permettre la falsification des produits. Si le plomb, alors, ne tombe sur vos poitrines, il tombera dans vos aliments, et votre mort, pour n'en être que plus lente, n'en sera pas moins sûre. Au lieu de demander la hausse des prix, demandez-en la baisse. Et tous les prix baissant, vous serez plus riches qu'auparavant.

Outre le partage des biens, les conservateurs nous accusent de demander la communauté des femmes; comme si nous n'avions pas assez des nôtres, sans prendre les leurs!

Un musulman, à qui reproche était fait de la polygamie usitée dans son pays, répondit : « Dans mon pays, les lois obligent les polygames à nourrir leurs femmes, et, en cas de séparation, d'assurer leur subsistance ; tandis que, bien repus, vos concubinaires jettent leurs maîtresses sur le pavé, sans souci de ce qu'elles peuvent devenir. »

Serait-ce donc pour le maintien de semblables

mœurs que les conservateurs proclament la nécessité du *statu quo?*

A ce sujet, les anarchistes pensent que si le travail était mieux assuré, ses produits mieux répartis, chacun pourrait s'établir à sa convenance; que dans le ménage, où la femme excelle, la femme trouverait les ressources qui partout lui manquent; qu'au foyer conjugal, organe de la société, est sa place et non ailleurs. La population, du reste, est une force sociale qu'il importe de ne pas négliger ; elle est en décroissance. Faciliter les unions conjugales à fin de propagation humaine, n'est-ce pas faire œuvre d'économie?

Toujours troublés dans leurs jouissances par le spectre de l'anarchie, les conservateurs prétendent que nos théories sont subversives de l'ordre social, que nous excitons le peuple à la révolte. A ce propos, rouvrons l'histoire; que nous dit-elle? Ceci : *La cour avait fait fouiller les vieux livres, pour y retrouver le détail odieux d'un cérémonial gothique, ces oppositions de classes ces signes de distinction et de haine sociale qu'il eût fallu plutôt enfouir... mais bien le plaisir secret de mortifier, d'abaisser ces petites gens... de les rappeler à leurs basses origines... Le Roi glaça les députés, qui, presque tous, arrivaient favorablement disposés pour lui... On aurait voulu imputer ces petites insolences aux officiers, aux valets...; qui croirait que cette cour insensée se rappelât, regrettât l'usage absurde de faire haranguer le Tiers à genoux? On ne voulut pas l'en dispenser expressément et l'on aima mieux décider que le président du Tiers ne ferait pas de harangue. C'est-à-dire, qu'au bout de deux cents ans de séparation et de silence, le Roi revoyait son peuple et lui défendait de parler* (1).

Eh bien! il n'y a rien de changé dans la pratique des conservateurs; celle d'autrefois est celle de nos jours. Les suffrages du peuple étant acquis, on l'éloigne, on l'extermine; avec lui on ne parlemente pas.

Pourtant, si Louis XVI avait reçu les députés mêlés par province, sinon avec magnificence, du moins libéralement et comme des partisans de la royauté qu'ils étaient, vraisemblablement on n'aurait pas eu à déplorer les malheurs de la révolution. Mais on fit tant que la bombe éclata, renversa la royauté, brisa le trône, en dispersa les débris; et

(1) Michelet, *Hist. de la Révolution.*

maintenant, de ces débris épars, des splendeurs du passé, ô conservateurs, que vous reste-t-il ? le regret et l'espérance ? Il y a pour nous l'expérience du temps et le souvenir des siècles de misère.

Voilà pourquoi l'histoire de l'humanité nous intéresse.

Mais après avoir comparé les diverses formes de gouvernement sous lesquelles les peuples ont vécu, nous sommes amenés à dire qu'un seul régime leur convient : un régime de liberté; que la plus belle Constitution que les hommes aient jamais élaborée est celle de 1789, consacrant à la fois la liberté, l'égalité, la propriété, la sûreté; mais perfectible encore par le dégagement d'autres droits propres à l'humanité.

A l'origine des nations, l'autorité d'un monarque ou roi a pu être utile, comme est respectable dans la famille celle d'un père; mais vienne le jour de l'émancipation, les enfants quitteront le foyer paternel et s'en iront vivre d'une vie nouvelle; adieu, alors, l'autorité paternelle! Et s'il reste avec elle des intérêts à débattre, on ne traitera plus que d'égal à égal. Dans ces conditions nouvelles, une seule forme de contrat sera acceptable : celle du contrat bilatéral et commutatif en vertu duquel chacun des contractants reçoit l'équivalent de ce qu'il cède, aussi bien en politique qu'en économie — Acte social : fait d'anarchie.

L'anarchiste ne saurait vouloir, en politique, ni du contrat de bienfaisance, ni du contrat unilatéral, ni du quasi-contrat ; les déclarations de 1789-91-93 les lui interdisent sous peine de mort.

La Révolution de 89 est le plus grand acte d'anarchie qui se soit accompli dans l'humanité. Qui de vous, démocrates, modérés et conservateurs, oserait le contester ? Et devrions-nous, pour vous complaire, renier la Révolution ?

Jusqu'alors, le principe de droit divin, c'est-à-dire quelque chose venant d'en haut qui ne se définit pas, a gouverné le monde. Sous ce régime, le prince, relevant de Dieu seul, n'avait pas de compte à rendre à ses sujets.

Mais, de cet état de choses, la révolution a renversé les termes ; au droit divin, elle a opposé le droit humain ; à l'autorité d'un seul, celle de tous ; elle a consacré les droits de l'homme. Ainsi s'ouvrent pour les peuples de nouveaux horizons.

Le droit se définissant la manifestation de la personnalité humaine dans toutes ses facultés, doit être considéré comme libre quiconque jouissant de la plénitude de ses facultés. Voilà pourquoi l'on peut dire que la Révolution de 1789 a ouvert l'ère de la Liberté.

Depuis cette époque, la Liberté a subi des atteintes, mais le principe n'en subsiste pas moins et restera comme base de notre droit politique ; base sur laquelle doit s'asseoir la justice.

La justice, elle, peut se définir : la reconnaissance de sa dignité dans la personne de son semblable comme dans sa propre personne. Autrement dit : respecte ton prochain comme toi-même, alors que tu ne pourrais l'aimer, et ne souffre pas qu'on lui manque, non plus qu'à toi-même, de respect. Or, toute notion de devoir impliquant l'idée d'un droit, la justice nous apparaît comme la balance des droits et des devoirs.

Quelle est la somme des droits?

Il y en a autant que de cas où l'homme peut être appelé à exercer ses facultés diverses. Au fur et à mesure de leur manifestation, ils peuvent être soumis, suivant leurs caractères, à une classification analogue à celles qui sont usitées en histoire naturelle : par genre, espèce, sous-espèce ou variété.

Au point où nous sommes, au degré de civilisation où nous sommes parvenus, le premier devrait être le droit de la force, comme faisant souche à tous les autres droits.

Mais la force en tant qu'être absolu, est magnanime et non vengeresse; elle assure l'exercice de tous les droits humains, même les droits de la peine : le valet du bourreau fut puni de prison pour s'être permis de souffleter la tête de Charlotte Corday après sa décollation.

Autrement conçu, le règne de la Force n'est que brigandage et fureur. La guerre de 1870-71 en fournirait de cruels exemples. Mais l'historien ne saurait s'appesantir sur l'atrocité des faits qui révoltent sa conscience.

L'humanité en témoigne : par elle, la Force fut toujours honorée : c'est son culte même. Mais l'esprit de domination en a souvent obscurci le sens. Les chefs de gouvernements en corrompent la notion, en donnant à leurs agents des pouvoirs excessifs. Et chose pénible à dire! Ceux qui dans les temps troublés furent d'abord les plus lâches, le gouvernement une fois assis, deviennent les plus féroces exécuteurs de ses volontés. Ce sont ces excès de zèle qui, la plupart du temps, font tomber l'autorité en discrédit. Des gouvernants l'ont su. Aussi se sont-ils efforcés d'y porter remède en écoutant les plaintes des mécontents. Ce qui a fait donner sans doute cours à cet adage : « qu'il vaut mieux s'adresser au bon Dieu qu'à ses saints. »

Pris comme genre, le droit de la force est à l'abri de toute atteinte, parce qu'il est conforme à la raison même des choses; les autres droits en dérivent comme espèces. D'abord, c'est le droit au travail, impliquant, pour l'enfant qui vient au monde : droit de protection, d'éducation, d'instruction. — Là, ce qui est pour vous, conservateurs, un souci, est pour nous, révolutionnaires, un puissant levier; car, changer l'éducation du peuple, c'est changer ses mœurs; l'instruire de ses devoirs c'est lui donner la notion de ses droits: chose qui n'est pas dans les vues des autoritaires.

Viennent ensuite les droits de l'intelligence, c'est-à-dire, droit de libre investigation, libre réflexion, libre production, libre circulation, libre débit des produits de l'intelligence ; autrement dit, droit du travail. Notre devise fut, il vous en souvient, du travail ou du plomb. Démocrates, modérés et conservateurs, quelle fut la vôtre?

L'ordre, direz-vous.

Mais périodiquement, l'ordre fondé par vos soins a dégénéré en un épouvantable désordre. Consultez l'histoire; soyons sincères; un peu de franchise ne messied point.

L'ordre institué en 1804, est désordre en 1815; rétabli, il dégénère en 1830; assuré en 1830, il devient désordre en 1848; au nom de l'ordre s'effectue le Coup d'Etat qui aboutit aux désastres de 1870-71, à la Commune, d'abord un feu de paille qu'un souffle aurait éteint; mais un feu qui, par vous attisé, devait embraser Paris. Alors firent explosion les haines sociales, se renouvelèrent les saturnales sanglantes de la révolution, de la Restauration et de l'Empire, sans souci du présent, sans inquiétude de l'avenir. Fouillez dans les documents de l'époque et vous y verrez toujours cet esprit malsain qui préside à toutes les exécutions, cette main mystérieuse frappant à la fois le socialiste et l'ecclésiastique. Si l'ordre règne aujourd'hui, est-ce par votre sagesse et vos lumières? Avec résignation nous avons toujours supporté le poids de notre misère; supporterons-nous longtemps encore le poids de vos désordres?

Il y a les droits de la jeunesse, de l'ancienneté,

de la vieillesse ; les droits civils, à l'amour et de l'amour impliquant fidélité au risque de désunion, de répulsion ; bien plus, justifiant le meurtre même au cas de flagrant délit.

Le droit de justice : Tout homme doué de raison, possédant la faculté de reconnaître la dignité de sa personne dans celle de son prochain, est capable de distinguer le bien du mal, d'être juge ; voilà pourquoi il peut être appelé à remplir les fonctions de juré devant la cour d'assises, réputée comme la meilleure de nos institutions judiciaires. Toutefois, dans les temps de troubles politiques, cette faculté s'obscurcit et devient indifférence. C'est devant cette indifférence ou lâcheté générale, que, dans la patrie des Montesquieu, les généraux Faucher ne trouvèrent pas un légiste pour les défendre devant un tribunal militaire irrégulièrement composé, qui, sur imputation de faits controuvés, les condamna à mort.

Pourtant, dans des circonstances non moins périlleuses, des hommes, bravant les rigueurs du pouvoir, se sont portés au secours des opprimés. Aux enfants de Clovis reprochant leurs cruautés, des prélats éloquents firent courber la tête ; naguère un archevêque animé des mêmes sentiments de fraternité répandus dans l'Évangile, devait périr sur les barricades. Mais ces exemples sont rares. L'histoire ne cite, de loin en loin, que des philosophes, des religieux ou des soldats ayant montré tel dévouement.

Il y a le droit de propriété, basé sur la réciprocité des services, comme dérivant du droit personnel, lequel conduit à l'égal échange.

Mais la propriété étant une puissance d'absorption, il reste à prendre des mesures pour que la propriété de l'un n'absorbe pas celle de l'autre, que le plus fort ne dévore pas le plus faible. L'appétit vient, dit-on, en mangeant. Propriétaires, défiez-vous du propriétaire votre prochain : il convoite vos propriétés ; il mettra tout en œuvre pour s'en emparer. De religion, il n'en a que pour la forme ; de politique, il n'en fait pas ; pourvu qu'il grappille, la forme gouvernementale lui est indifférente ; s'il s'en mêle, c'est pour faire dégrever ses impôts ou vendre son vote : tout lui est profit.

Vous tous donc, qu'épouvantent les partageux d'en bas, craignez à égal titre les partageux d'en haut, ils n'en sont que plus redoutables. La propriété du millionnaire absorbera celle de ceux qui ne le seront pas; et ceux qui auront des milliards dépossèderont les millionnaires, par la faculté qu'ils pourront avoir de faire à volonté la hausse ou la baisse, sans se douter du sort réservé aux accapareurs.

Hé! le petit industriel, le petit commerçant ne sont-ils pas là pour témoigner de ce qu'ils ont eu à perdre au voisinage des grandes industries, des grands magasins contre lesquels la lutte ne peut être que ruineuse, les forces étant inégales?

Ici la propriété a puissance d'expansion, refoulant tout ce qui ne peut résister : la grande industrie ruine la petite; la petite propriété est mangée par la grande.

Après ces affirmations, proclamer que l'anarchiste veut l'abolition de la propriété, est une ruse de guerre que réprouve la guerre elle-même. Il reconnaît la propriété comme une fonction éminemment utile dans l'ordre social, si ce n'est son plus solide fondement; mais il ne porte pas dans son cœur le culte de Mammon.

La propriété est une fonction dans laquelle l'homme peut se placer, mais elle ne saurait avoir des privilèges : la Révolution les a abolis.

Il y a le droit social, en vertu duquel chacun doit faire l'abandon d'une partie de sa force, de se propriété, de sa liberté pour le bien de tous, la salut de la Patrie. Et vous savez encore, conservateurs, que jamais général n'a fait reproche aux anarchistes de faiblir dans le combat. Néanmoins, vous faites répandre que nous excitons les esprits à mépriser l'armée. Ainsi vous nous calomniez. Nous demandons que l'armée soit l'école de la nation et nous désirons que le fils de l'homme de qualité, le fils du bourgeois, le fils de l'artisan comme du paysan, que les enfants du peuple apprennent à s'y connaître avant de se séparer pour toujours.

Il y a le droit politique, qui a pour but de faire respecter tous les autres droits, en violation duquel ont coulé des fleuves de sang; alors que pour sa défense, violence ne devrait être faite à personne.

C'est dans l'oubli de ces principes que se proscrivent encore les partis politiques. Mais qu'ont-ils donc à se reprocher?

L'histoire fait à chacun sa part.

Il y a eu la terreur rouge, la terreur blanche; les massacres humains du premier et du second Empire; il y a eu les victimes du despotisme, et la propriété ne s'est pas levée pour les défendre.

La République a eu ses tribunaux révolutionnaires, la Restauration ses cours prévotales, ses massacres méthodiques, ses transnonains et ses lois de septembre ;

L'Empire a eu ses commissions mixtes, ses pontons et ses bagnes, ses invasions.

La République a eu la Commune avec ses exécutions sommaires.

En 1804, le premier consul fit nuitamment fusiller dans les fossés de Vincennes, le duc d'Enghien ;

La Restauration fusilla le maréchal Ney, les généraux Mouton-Duvernet, Chartran, les frères Faucher, Labédoyère, colonel.

Et après ?

A-t-on perdu mémoire du maréchal Brune, massacré dans Avignon, traîné la corde au cou et jeté dans le Rhône ? Contre la victime, dit le chroniqueur, nombre de dames à beaux chapeaux se montrèrent acharnées. Que pouvait-on lui reprocher ? D'avoir aimé Danton ? C'est vraisemblable.

Mais que de tout ce sang versé le cours du temps en efface les taches ! Au tribunal des vengeances ne préside pas la Justice.

Finissons par le droit de la Liberté, essence de

la République, lequel s'oppose au droit divin, qui a pour maxime l'autorité, essence de la monarchie.

Monarchie! République! entre ces deux extrêmes, tout moyen terme, est non-sens, hypocrisie, mensonge. Il n'y a rien entre le oui et le non.

Du reste les pratiques du juste milieu sont discréditées. Le socialisme est une méthode gouvernementale et non une forme de gouvernement. Et l'anarchie se conçoit comme un état social dans lequel la liberté fait équilibre à l'autorité de l'homme à l'homme, de la fonction à la fonction, du groupe au groupe en vertu d'un statut arbitral.

Par la puissance du socialisme et de l'anarchie se dégage, nettement, dans son essence, le principe républicain, l'élément de la fédération. C'est pourquoi l'anarchiste et le socialiste furent, dans tous les temps, signalés aux balles conservatrices comme perturbateurs de l'ordre social ; ajoutons de l'ordre monarchique, autocratique, panarchique, aristocratique, démocratique, ochlocratique, oligarchique, bancocratique, épouvantails de la liberté.

Cet état d'hostilité durera-t-il longtemps encore?

Entre la Monarchie et la République, depuis cent ans la guerre est ouverte; il y a bataille. Comme dans toute bataille trois moments se distinguent : celui de l'engagement, de l'effort, de la tuerie, nous voyons l'engagement datant de 1789; l'effort qui se continue.

Espérons qu'avec la notion des droits humains, la tuerie ne sera plus qu'un accident; d'ailleurs les forces de l'ennemi ne sont pas à détruire, mais à équilibrer. Et quelle que soit l'issue du combat, gloire aux vainqueurs! mais honneur aux vaincus! Dans l'ardeur du combat, ils ont pu vouloir, les uns comme les autres, le bien de l'humanité. — C'est la foi de l'anarchiste.

Ainsi le monde politique se trouve divisé : Les uns regardent en arrière cherchant à devenir ce que furent leurs ancêtres; les autres se tournent vers l'avenir, s'informant de ce que deviendra la postérité.

L'action et la réaction sont les tendances du jour. Qu'avec discernement chacun choisisse le parti auquel il doit se rallier!

Après avoir exposé longuement déjà ce que sont les anarchistes, les socialistes, les opportunistes, modérés et conservateurs, que peut-on dire d'un parti qui remplit le monde politique par ses éclats : le doctrinarisme?

Les doctrinaires sont les sceptiques de la politique. Aussi indifférents aux choses du passé qu'à celles de l'avenir, ils peuvent, sans être démentis, se dire tour à tour monarchistes, républicains, conservateurs, opportunistes, socialistes. Invoquant sans cesse l'autorité afin de mieux exercer leur libre arbitre, les sceptiques brouillent toutes les notions, font peu de besogne, beaucoup de bruit ; mais, n'apportant aucune idée nouvelle dans la discussion, ils nous laissent la raison vide et la conscience désolée.

Au parti du scepticisme, la nation doit refuser ses suffrages sous peine de déchoir.

Par suite de cet empêchement, la politique n'aura plus de sens que dans l'*action* ou la *réaction*, l'une étant le propre des républicains, l'autre le fait des monarchistes.

L'idée ainsi dégagée, l'opinion s'éclairera, et la politique deviendra une chose rationnelle, pratique.

BIBLIOTHÈQUE NATIONALE IMPRIMÉS

Clermont-Ferrand, typographie Mont-Louis, rue Barbançon.

230

www.ingramcontent.com/pod-product-compliance
Ingram Content Group UK Ltd.
Pitfield, Milton Keynes, MK11 3LW, UK
UKHW032008260826
14628UKWH00005B/2342

9 782011 765789